LE MARIAGE

DE

S. A. R. MGR LE DUC D'ORLÉANS

AVEC LA PRINCESSE

HÉLÈNE DE MECKLEMBOURG SHWERIN.

Imprimerie de POLLET, SOUPE et GUILLOIS,
rue Saint-Denis, 380, passage Lemoine.

Le Mariage

DE

S. A. MGR LE DUC D'ORLÉAN

AVEC LA PRINCESSE

HÉLÈNE DE MECKLEMBOURG SCHWERIN.

PAR M.....

Prix : 75 centimes.

PARIS.

CHEZ DELAUNAY, LIBRAIRE, PALAIS-ROYAL,

Grande Galerie.

1837.

Le Mariage

DE

S. A. R. MGR LE DUC D'ORLÉANS

AVEC LA PRINCESSE

HÉLÈNE DE MECKLEMBOURG SHWERIN.

Les nations ont toujours regardé les alliances des rois et des princes comme des événemens politiques ; la France surtout a cru entrevoir de tout temps que celles de ses rois avaient influé sur ses destinées : c'est sur ce point de vue que nous devons envisager le mariage du duc d'Orléans. On a dit que l'héritier présomptif du trône de la nation la plus puissante de l'Europe, pouvait prétendre à une alliance plus illustre, et que son union avec une princesse d'un petit état obscur, était disproportionnée avec la haute destinée qui lui est réservée; d'autres ont crié au scandale à cause de la différence de religion de cette princesse. C'est à ces deux assertions que nous allons répondre.

Les princesses étrangères issues de familles puissantes qui se sont alliées à nos rois, ont-elles toujours contribué au bonheur de la France? On peut répondre, sans crainte d'être contredit, qu'elles lui ont été presque toutes funestes.

Eléonore de Guienne, princesse célèbre par son esprit, ses grâces et ses galanteries. Guillaume X, son père, duc d'Aquitaine, l'avait instituée, peu de temps avant sa mort, héritière de ses vastes domaines, situés le long de l'Océan entre l'embouchure de la Loire et des Pyrénées, sous la condition qu'elle épouserait Louis-le-Jeune, fils aîné de Louis-le-Gros. Que ne devait pas espérer la France d'une telle union, voyant son territoire agrandi par de si grandes possessions! Que remarquons-nous dans Eléonore? Lorsqu'elle fut montée sur le trône de France après la mort de Louis-le-Gros, accoutumée à être entourée d'hommages, elle ne trouve plus de charme dans la société de son époux. Il est vrai de dire que le goût dominant de Louis VII consistait à orner sa chapelle et à chanter au lutrin : de tels goûts ne pouvaient s'accommoder aux plaisirs et à la galanterie qui avaient enivré sa jeunesse. Nous la voyons, dans son voyage à la Terre-Sainte, donner pleine carrière à ses penchans voluptueux : elle contracte des liaisons criminelles avec son oncle Raymond de Poitiers, qui régnait à Antioche. Lorsque Louis VII veut quitter cette ville pour se rendre à Jérusalem, elle le supplie instamment de retarder son départ ; voyant qu'elle ne peut rien obtenir, l'altière princesse déclare formellement qu'elle est décidée à demander l'annulation de son mariage. L'histoire dit de plus qu'elle avait accordé ses plus secrètes faveurs à un jeune musulman nommé Saladin, par qui elle avait été comblée de présens. De retour en France, Louis VII, outré de la conduite scandaleuse que son épouse avait tenue en Orient, ne songea plus qu'à la répudier. Tant que l'abbé Suger vécut il s'opposa aux desseins du roi ; mais après la mort de celui-ci, Eléonore fut sommée par son époux de comparaître devant un concile assemblé à Beaugenci-sur-Loire. Le concile, écartant la question d'adultère, prononça la nullité du mariage, fondant sa décision sur la parenté des deux conjoints. Eléonore, de retour dans son duché, épousa Henri, duc de Normandie, héritier présomptif du trône d'Angleterre. Elle n'avait pas balancé à faire le choix de ce prince parce qu'il pouvait servir ses ressentimens contre la France ; ce fut alors que ces belles provinces passèrent sous la domination étrangère, et occasionnèrent des guerres si longues et si sanglantes entre l'Angleterre et la France.

L'influence du pape Clément VII et du duc d'Albanie, déterminèrent François Ier, à accepter la main de Catherine de Médicis pour son second fils, le duc d'Orléans; le pape s'engageait à le seconder dans la conquête du Milanais; il lui promettait Gênes et Naples pour supplément de dot de la princesse. Catherine, douée d'une rare beauté, feignant une grande gaîté, cachait une ambition démesurée; elle avait compris combien il lui importait, pour parvenir à ses desseins, de plaire au roi : aussi le pria-t-elle instamment de l'admettre aux chasses qu'il faisait avec les plus jolies dames de sa cour; sûre de sa confiance, elle ne pensa plus qu'à satisfaire son ambition; elle fait taire ses ressentimens contre Diane de Poitiers, maîtresse de son époux; elle prodigua même à ce dernier les plus tendres caresses, et à force de dissimulation et d'intrigues, elle brisa le seul obstacle qui s'opposait à son ambition. Le dauphin fut empoisonné en 1536 par des Florentins qu'elle avait amenés avec elle, qui étaient capables de tout pour la servir. Après la mort de François Ier, Henri II, son époux, monta sur le trône. Catherine, depuis dix ans de mariage, n'avait encore point d'enfans; elle n'avait que le nom de reine; tous les honneurs étaient pour Diane. Ayant enfin mis au monde un dauphin, elle ne vit plus d'obstacles pour s'immiscer dans le gouvernement. Quoique irritée contre Diane, elle ne négligea rien pour la mettre dans ses intérêts; secondée par le connétable de Montmorency, elle obtint du roi la régence du royaume, en lui adjoignant un conseil, lorsqu'il partit pour la Lorraine : plus rien ne lui coûta pourvu qu'elle conservât son autorité : avec le duc de Guise elle se montrait catholique dévouée, avec Antoine de Bourbon, roi de Navarre, elle affectait une entière bienveillance pour la religion réformée. Henri II ayant été tué dans un tournois par Montgommery, Catherine affecta la plus grande douleur de la mort de son époux ; elle intima l'ordre à Diane de quitter la cour ; mais bientôt, connaissant l'empire qu'elle avait sur le connétable, elle la rappela de l'exil qu'elle lui avait imposé ; elle se montra même très libérale envers elle. Les huguenots et les Guises se disputaient la tutelle du jeune roi ; pour le soustraire à l'influence des deux partis, elle l'emmena à Saint-Germain ; elle subjuga le roi de Navarre et le prince de Condé son frère, en leur accordant ses deux plus séduisantes demoiselles d'honneur. La reine et les princes ne peuvent lutter contre le parti des Guises : François II est empoisonné par un valet au service de ces derniers. Charles IX, qui devait lui succéder, n'avait encore que dix ans ; les états étaient assemblés à Orléans ; la majorité pour la régence penchait en faveur du roi de Navarre. L'assemblée répugnait de confier le gouvernement à une étrangère. Catherine use d'adresse près du faible Antoine de Bourbon, elle lui offre la lieutenance générale du royaume, et il se désiste de son droit à la régence. La mort prématurée de François II ne laissait aucun doute sur le dessein qu'avaient formé les Guises de s'emparer du trône. Catherine, au lieu d'embrasser le parti des princes pour opposer une digue à la puissance des Guises, préféra chercher un appui à l'étranger en mendiant la protection de Philippe II, son gendre; mais les conditions que lui fit le roi d'Espagne tendaient plutôt à se rendre maître de la France qu'à secourir sa belle-mère : en vain des hommes prudens lui faisaient entrevoir l'abîme qui allait s'ouvrir sous ses pas, elle feignait d'écouter les bons conseils, et ils étaient de suite oubliés. A la bataille de Dreux, qui se livra entre les deux partis, les catholiques étaient représentés par le duc de Guise, et les protestans par le prince de Condé; ces derniers ayant été vainqueurs dans le premier choc, cette nouvelle fut apportée à la cour, qui en parut consternée; Catherine seule parut s'en consoler. A la nouvelle du second combat, dans lequel le duc de Guise fut vainqueur, elle changea aussitôt de langage, et témoigna la joie la plus vive d'un succès aussi inattendu.

Le chancelier de Lhôpital ne prévoyant que trop les scènes sanglantes qui allaient se passer, se démit pour la seconde et la dernière fois de sa charge; il avait averti Charles IX et Catherine des dangers dans lesquels de perfides conseils allaient les entraîner, tout fut inutile : les massacres projetés contre les huguenots n'en eurent pas moins lieu.

Le 24 août 1572 Catherine entra pendant la nuit dans la chambre de Charles IX, et lui persuada que les protestans se dirigeaient en armes vers le Louvre, qu'il deviendrait coupable de la plus grande lâcheté s'il ne pourvoyait promptement à sa sûreté; le roi, persuadé que les perfides conseils de sa mère étaient vrais, devint tout-à-coup féroce; Catherine fait sonner le tocsin à Saint-Germain-l'Auxerrois, et les massacres de la Saint-Barthélemi commencèrent. On sait les atrocités qui furent commises pendant cette nuit fatale et les jours suivans, nuit épouvantable qui vouera les noms de Catherine de Médicis, de Charles IX et de leurs complices à l'exécration de la postérité la plus reculée.

Henri IV ayant répudié Marguerite de Valois, s'entretenant avec Sully, passait en revue les princesses des grandes maisons de l'Europe parmi lesquelles il désirait prendre une nouvelle épouse; ses regards se fixèrent sur Marie de Médicis, nièce du grand-duc de Toscane, princesse d'une grande beauté. Une telle alliance répugnait cependant au monarque, parce qu'elle était de la maison de Catherine de Médicis, qui avait tant fait de mal à la France, et à lui en particulier : malgré cette prévention, cette alliance fut décidée. Depuis le mariage de Marie de Médicis jusqu'à l'assassinat du roi par Ravaillac, nous ne pouvons la blâmer de ses emportemens et des scènes domestiques qu'elle eut continuellement avec son époux , parce que les nombreuses maîtresses qu'il eut légitimèrent en quelque sorte ses colères et sa mauvaise humeur. Mais Henri IV ne fut pas plutôt assassiné que l'ambition de Marie ne connut plus de bornes : plus occupée de ses propres intérêts que de la mort du roi, sa première pensée fut de se faire déclarer régente. Le duc d'Epernon fit cerner le couvent des grands-augustins par des troupes, où le parlement siégeait , et ce ne fut que par cet appareil effrayant qu'il en obtint un arrêt qui conférait à la reine seule la régence du royaume. Bientôt les trésors que le roi, secondé par la sage administration de Sully, avait ramassés , furent prodigués aux courtisans ; elle croyait par de telles prodigalités se procurer des soutiens , elle ne fit que des ingrats : Concini, gentilhomme florentin , qui l'avait suivie en France , est élevé à la première dignité militaire sous le titre de maréchal d'Ancre, et obtint en même temps le gouvernement d'une grande province. Une si haute faveur accordée à un favori, provoqua de toute part une violente opposition ; de Luynes, qui fut ensuite connétable, et l'évêque de Luçon, depuis cardinal de Richelieu, qui devaient tout à la reine et à son favori, s'emparèrent de la confiance du jeune roi ; le malheureux maréchal d'Ancre est assassiné, et son épouse condamnée à être décapitée sur la place de Grève. De longues contestations s'élevèrent entre la mère et le fils, qui finirent par l'exil de Marie ; cette infortunée princesse mourut sur une terre étrangère dans la plus affreuse misère.

Henri IV, qui n'avait pas consenti à unir son fils avec Anne d'Autriche, fille de Philippe III, roi d'Espagne : les négociations de ce mariage furent bientôt renouées aussitôt qu'il eut fermé les yeux ; Concini et sa femme furent les principaux moteurs de cette intrigue. Le mariage de Louis XIII et d'Anne d'Autriche eut lieu à Bordeaux le 9 novembre 1615. Quoique cette princesse fut d'une grande beauté, elle ne se fit cependant pas aimer de son époux : ses correspondances secrètes avec son frère le roi d'Espagne, la rendirent suspecte ; dévote et galante en même temps, ses liaisons avec le vieux duc de Bellegarde et le duc de Montmorency, donnèrent déjà lieu à de graves soupçons ; mais elle ne conserva plus de bornes dans ses intrigues amoureuses avec le duc de Buckingham ; de graves historiens ont même affirmé que Anne était devenue mère en 1726, et que le prisonnier connu sous le nom de Masque de Fer était né des amours de la reine et du duc ; plus tard, s'étant réconciliée avec son mari par l'entremise de mademoiselle de La Fayette, elle accoucha d'un fils qui fut Louis XIV. Peu d'années après Louis XIII mourut ; il accorda la régence à la reine, mais avec l'assistance d'un conseil sans lequel elle ne pouvait agir. Les dernières dispositions du roi furent cassées par le parlement, et la régente eut seule la puissance absolue. Ne pouvant agir seule, le cardinal Mazarin, son nouveau favori, régna sous son nom : le trésor fut bientôt épuisé par les folles prodigalités de la régente; la confiance qu'elle accorda à un étranger fit soulever toute la France : ce fut alors que la guerre de la fronde éclata : elle sacrifia sans regret ses plus fidèles serviteurs; mais ni la réprobation du peuple contre Mazarin, ni son exil, ne purent la détacher de lui; elle s'associa tous à ses dangers; elle ne craignit pas d'exposer pour lui sa vie, son avenir et celui de ses enfans, et peu s'en fallut qu'elle ne perdît le trône de France par toutes ses inconséquences. Tout ce qu'on peut dire en faveur de cette reine, c'est que Louis XIII n'eut envers elle aucun de ces soins et de ces prévenances qu'on doit à une épouse; qu'elle expia bien tous ses torts par une longue et douloureuse maladie, et que les arts trouvèrent en elle un puissant protecteur.

La France, fatiguée d'une guerre de 25 ans contre l'Espagne, crut enfin respirer par le traité des Pyrénées en 1659, et par le mariage de Louis XIV avec l'infante Marie-Thérèse, fille de Philippe IV. Tout le monde rendra justice aux vertus de cette grande reine; mais après la mort de son père, cette union donna lieu à des guerres sanglantes.

Louis XIV, sous prétexte de réclamer les droits de son épouse sur les Pays-Bas, déclara la guerre à l'Espagne. La Flandre fut conquise en trois mois; la paix d'Aix-la-Chapelle mit la France en possession des provinces qu'elle venait d'acquérir; mais bientôt, le roi irrité contre la Hollande à cause du rôle qu'elle avait joué dans cette paix, résolut de s'emparer de cette province; il lui déclara la guerre; elle fut bientôt en son pouvoir, mais l'empereur, l'électeur de Brandebourg, l'électeur Palatin, l'Espagne et l'Angleterre, effrayés des revers de ce malheureux pays, se liguèrent contre la France: la Hollande est sauvée. La guerre continua avec acharnement : le roi donna l'ordre barbare de mettre le Palatinat à feu et à sang. Turenne, au milieu de ses succès, est tué devant Strasbourg; l'armée est consternée de cette perte, qui est suivie de revers. La paix de Nimègue, en 1768, qui mit fin à cette lutte sanglante, semblait annoncer à la France des jours de repos ; mais ensuite vinrent les guerres de la succession d'Espagne, qui faillirent perdre la France et causèrent une si profonde humiliation au grand roi.

Tels furent les résultats de cette alliance si vantée, que le cardinal Mazarin et Don Louis de Haro avaient présentée comme une nouvelle ère de paix et de grandeur pour la France.

Le malheureux Louis XVI devenu dauphin

par la mort de son père, le vieux roi Louis XV,
trop occupé de ses plaisirs, ne songeait pas à
donner une épouse à son héritier ; le duc de
Choiseul, qui était alors ministre, se chargea de
ce soin. Cette vieille maison d'Autriche qui de tout
temps avait nourri de sinistres projets contre la
France, était un motif suffisant pour faire aper-
cevoir au ministre de Louis XV les dangers d'y
contracter une union, cependant ce fut à elle qu'il
s'adressa. L'Autriche nous accorda Marie-Antoinette
même avec reconnaissance ; cette princesse quitta
son pays avec joie, n'ayant que des espérances de
bonheur ; elle s'écria même en entrant à Strasbourg : « Fasse le ciel que ce soit la dernière fois
que je revoie cette ville ! » Bien loin de nous joindre
aux accusateurs de cette infortunée princesse, nous
la plaindrons avec amertume, laissant à l'histoire
le soin de signaler à la postérité les atrocités commises envers elle ; nous dirons seulement qu'on ne
doit lui imputer que de fatales imprudences ; mais
combien sa parenté avec un des plus puissans sou-
verains de l'Europe, ne fut-elle pas funeste au
malheureux Louis XVI ! Elle ne servit qu'à le faire
résister en secret à une révolution qu'il était forcé
de sanctionner tout haut. Que d'ennemis ne suscita-
t-elle pas à la France ! Cette malheureuse princesse
fut sans cesse accusée de conspirer avec sa famille
contre le pays. Peut-être une princesse sortie
d'une maison moins illustre aurait, par le seul
fait de sa naissance, évité de si graves accusations,

et ce seul point était capable de modifier les événemens de l'Europe et de la France.

Napoléon au comble de la gloire, fatigué d'un
mariage stérile, voulant donner un héritier à sa
gloire, conçut le funeste projet de répudier sa
chère Joséphine; il s'adressa d'abord à l'empereur
Alexandre afin d'obtenir la main de sa sœur, la
grande-duchesse Paulowna; la réponse de l'auto-
crate ne fut pas catégorique : ce fut encore vers
l'Autriche qu'il tourna ses regards : l'archiduchesse
Marie-Louise lui fut accordée avec joie. La nouvelle de
cette union fut mal accueillie par le peuple; il
disait tout bas que les alliances avec l'Autriche
avaient toujours été fatales à la France; que d'ailleurs Napoléon en abandonnant Joséphine, se
privait de son plus grand appui. Il n'en persista
pas moins dans sa résolution malgré la voix du
peuple, qui lui faisait entrevoir les dangers d'une
telle union. Le mariage fut célébré le 1er avril 1810
avec un luxe inconnu jusqu'alors; le 19 mars de
l'année suivante la naissance d'un fils qui fut
nommé roi de Rome, sembla donner quelque espérance à la France; le peuple en reçut la nouvelle
avec des transports d'allégresse. Ce serait ici le cas
de dire pourquoi Marie-Louise ne se dévoua-t-elle
pas tout entière à un noble peuple qui avait
montré tant de joie à la naissance de son fils,
mais cette lueur d'espérance ne fut malheureu-

sement pas de longue durée, l'étoile de la France allait bientôt pâlir. Après la désastreuse campagne de Russie, l'Autriche ne pensa plus qu'à se liguer contre nous; Napoléon revenant à Paris, reçut encore à Dresde de l'empereur d'Autriche l'assurance que toutes les promesses qu'il lui avait faites seraient exécutées fidèlement, mais toutes ces protestations n'étaient que pour mieux nous tromper. Après la victoire de Lutzen, François feignit de se porter comme médiateur, un armistice fut conclu, et si les puissances du nord rejetèrent la paix, c'est qu'elles étaient assurées de la défection de l'Autriche. Les espérances que nous avions conçues pour la paix s'évanouirent bientôt, les hostilités recommencèrent, et nous vîmes l'Autriche passer dans les rangs de nos ennemis. La bataille de Dresde fut encore un triomphe pour nous ; mais après la malheureuse affaire de Leipsick, la confédération du Rhin imita l'exemple de l'Autriche. C'est ici que commence le rôle de Marie-Louise; nommée régente au commencement de la campagne, n'aurait-elle pas dû imprimer une grande énergie à une nation qui possédait encore tant de ressources ? son exemple n'aurait pas manqué de faire impression sur les masses ; mais nous ne vîmes en elle qu'une indécision incapable de maîtriser les événemens qui allaient survenir. Lorsque les puissances alliées eurent envahi la France, et qu'elles feignaient de dire qu'elles n'en voulaient pas aux Français, qu'elles ne faisaient la guerre qu'à Napoléon, la

régente n'aurait-elle pas dû déclarer formellement
que rien au monde ne pourrait la déterminer à
abandonner la fortune de son époux, qu'elle se
précipiterait plutôt avec lui dans l'abime qu'on
lui ouvrait? Aux déclarations des alliés, elle garda
le silence, ce qui perdit en quelque sorte la cause
de Napoléon ; lorsqu'ils parurent sous les murs
de la capitale, la France pouvait encore être sauvée.
Quels moyens énergiques Marie-Louise opposa-t-
elle à la trahison des uns et à la lâcheté des autres?
elle ne montra au contraire que plus de faiblesse ;
en vain la pressa-t-on de se rendre à l'Hôtel-de-Ville
et de se montrer au peuple, démarche qui pouvait
produire le plus grand enthousiasme. Loin d'écouter
de si sages conseils, elle quitte les Tuileries calme
et tranquille ; laissant la capitale aux prises avec
les envahisseurs, elle se retire sur Tours. On dit
qu'à Blois elle fut touchée de l'abdication de Napoléon. Elle se rendit ensuite à Orléans, et là, tra-
hissant les liens sacrés qui l'unissaient à son époux,
elle vint à Rambouillet se mettre à la discrétion
des alliés, et le laisse partir pour l'île d'Elbe, et peu
de temps après elle partit pour Vienne. Combien ne
regrettera-t-on pas dans ces momens désastreux
de n'avoir pas eu une souveraine dévouée à la
France et à son époux? Tout porte à croire, au contraire, qu'une princesse moins puissante n'aurait pas
séparé ses intérêts de ceux de la France, et par
l'élan qu'elle aurait imprimé au peuple, l'empire
colossal existerait encore.

Les reproches qu'on a adressés au Roi d'avoir uni son fils aîné à une princesse de religion différente, sont-ils fondés? Nous croyons, au contraire, qu'on ne doit que l'en féliciter. Cet acte de tolérance doit être regardé de sa part comme la confirmation de l'édit de Nantes. Henri IV, par la promulgation de ce fameux édit, n'eut en vue que d'inviter ses sujets à la réconciliation. De même le Roi semble indiquer, par cette condescendance, une égale protection pour tous les cultes légalement établis D'ailleurs quelles suites funestes les persécutions qui suivirent la révocation de l'édit de Nantes n'occasionnèrent - elles pas en France? Des Français se virent bientôt privés de tous leurs priviléges, l'exercice de leur culte leur fut défendu par tout le royaume, leurs ministres reçurent ordre de sortir de France, l'accès à tous les emplois leur fut interdit; dans les provinces, des soldats, sous prétexte de conduire les calvinistes à la messe, se répandaient dans les maisons, pillaient et se portaient aux derniers excès. Les calvinistes, se voyant en butte à tant de persécutions, pensèrent qu'on avait résolu de les exterminer; ils ne cherchèrent plus de refuge que dans la fuite, et la France eut la douleur de voir une partie de ses enfans quitter son sein pour chercher sur une terre étrangère un abri contre de si injustes spoliations. Des persécutions si inutiles ôtèrent tout espoir de rapprochement entre des frères, et nous attirèrent la haine des nations protestantes. Mais elles devinrent encore plus funestes lorsque Louis XIV étant en guerre avec presque toute l'Europe, fut forcé de ralentir les persécutions contre les protestans. Les classes aisées s'appaisèrent; mais des fanatiques, connus sous le nom de *Camisards*, excités par des ministres enthousiastes, s'imaginèrent qu'ils devaient prendre les armes pour la défense de leur religion. Le clergé fut surtout l'objet de leur haine: des prêtres et des religieux furent massacrés en grand nombre, les abbayes furent pillées et les églises brûlées. Toutes les horreurs des anciennes guerres de religion se renouvelèrent, et si Louis XIV les soumit par la suite, ce fut plutôt par des moyens de persuasion; les grâces qu'il leur accorda furent plus efficaces pour les ramener à l'obéissance, que les châtimens qu'il avait cherché à leur faire infliger.

Lorsqu'on ouvre l'histoire et qu'on voit les calamités que des mesures sévères contre certain culte ont entraînées, on ne peut qu'applaudir aux nobles sentimens qui ont guidé le Roi dans cette union. D'ailleurs, on a remarqué de tout temps que les persécutions engendrent le fanatisme; que plusieurs sectes qui se sont maintenues, se seraient dissoutes d'elles-mêmes si on n'eût pas mis des obstacles à leur propagation, et l'on peut dire avec assurance que les tourmens qu'on a fait endurer aux premiers chrétiens, n'ont servi qu'à donner un nouveau lustre à la religion que nous professons.

On pourra dire que si la naissance et la différence

de religion ne pouvaient être un obstacle à l'union de la princesse Hélène avec le prince royal, qui peut répondre qu'une fois sur le trône de France elle ne sera pas altière et ambitieuse comme tant d'autres reines? A la vérité il nous serait bien difficile de prévoir dans l'avenir, cependant sa conduite depuis qu'elle est en France, comme nous le dirons plus tard, nous ferait espérer tout le contraire. Mais nous citerons pour exemple depuis Henri IV le mariage de Louis XV; cette union ne fut pas brillante : Marie Leckzinska n'était que la fille d'un gentilhomme Polonais élu roi par ses compatriotes; mais bientôt détrôné et proscrit, il était dans l'exil, et sa tête était même mise à prix, lorsqu'on lui demanda la main de sa fille pour le roi de France : cette alliance ne fut triste que pour la princesse, et n'eut aucun de ces déplorables résultats que les brillantes unions des autres rois ont causés à la France.

Sans vouloir excuser quelques-unes des reines que nous avons signalées, nous ne pouvons nous empêcher de dire que la conduite que les rois leurs époux tinrent à leur égard, fut une des causes des graves reproches que l'histoire leur a adressés. Mais sur quels faits s'appuierait-on pour alarmer la France sur le compte du prince qui doit régner ? Depuis sept ans, nous avons malheureusement été témoins de bien des discordes civiles; de toutes les accusations que les partis ont lancées contre le

gouvernement, jamais le nom du prince n'a été proféré, et ici on ne peut pas nous accuser de flatterie, puisque l'opposition constitutionnelle et même l'extrême gauche lui ont rendu cette justice avant nous. On doit se rappeler, lors de la discussion sur la dotation du duc d'Orléans, le 22 avril, un honorable membre de l'extrême gauche, discutant sur l'opportunité d'accorder ou de refuser l'augmentation qu'on demandait, faisant remarquer en même temps que les alliances avec les grandes puissances ont toujours été plus funestes qu'utiles, au sujet du prince il disait : « Et ne croyez pas non
» plus, je m'empresse de le déclarer, qu'il y ait
» de ma part la moindre hostilité contre la per-
» sonne du duc d'Orléans ; le prince dont il s'agit
» n'a pris en aucune manière part aux affaires
» depuis sept ans, il n'est pour rien dans le mal
» que je crois qu'on a fait ; comme pair de France,
» il ne s'est prononcé ni pour ni contre ce qui a
» eu lieu, il doit être hors de discusison. »

Si le gouvernement a cru devoir prendre des mesures sévères envers ceux qui s'étaient insurgés contre lui, nous avons vu le jeune prince appeler de tous ses vœux le grand acte de clémence auquel la France entière a applaudi ; nous en avons une preuve évidente dans la réponse qu'il fait au maréchal Lobau, qui vient le complimenter au nom de la garde nationale à l'occasion de son prochain mariage ; en faisant des vœux pour la réconciliation

des Français, le prince lui dit : « Quant aux vœux
» de conciliation que renferme votre discours, ils
» sont dans mon cœur, et je me réjouirai de toutes
» les circonstances qui pourront en amener la réa-
» lisation. »

Si la nation s'est montrée généreuse envers le
prince, on a vu avec plaisir le noble emploi qu'il
faisait des sommes qu'on lui a allouées : sa bienveillance se porte partout. 150,000 francs sont consacrés par lui à fonder à l'école Royale Militaire de
Saint-Cyr des bourses pour être distribuées aux
sous-officiers de l'armée qui seront jugés dignes
d'être admis à l'école Royale Militaire.

Lyon, cette ville industrieuse qui gémit depuis
si longtemps sur le sort de ses malheureux habitans, c'est vers elle que le prince tourne ses
regards : 50,000 francs sont mis à la disposition de
M. le préfet du Rhône afin de procurer du travail
aux ouvriers qui souffrent le plus.

L'agriculture, cette branche d'industrie qui fait
la prospérité d'un pays, n'échappe pas à sa sollicitude : 10,000 francs sont envoyés à M. le préfet de
la Corse pour encourager ce travail dans son dépar-
tement.

C'est toujours la classe ouvrière qui est l'objet
de toute sa bienveillance : donner des livrets de Caisses
d'Épargnes avec première mise à des enfans d'ouvriers des principales villes de France, surtout à

ceux qui se sont le plus distingués dans les écoles qu'ils fréquentent, sera une bien douce satisfaction pour son noble cœur ; 162,000 francs sont consacrés à une œuvre si digne, tant pour Paris que pour les autres villes du royaume.

Un événement déplorable arrive au Champ-de-Mars au milieu des fêtes données à l'occasion de son mariage ; il apprend que plusieurs personnes ont perdu la vie : son premier cri est que les fêtes doivent au moins être suspendues ; il veut auparavant pourvoir aux premiers besoins de tant de familles infortunées. Une députation du conseil municipal vient le presser d'assister à la fête qui lui est destinée à l'Hôtel-de-Ville, tous leurs efforts sont vains ; il se rend dans le sein du conseil, et nous rapporterons avec orgueil les nobles paroles qu'il y prononce, qui produisent la plus vive émotion parmi les assistans. « Je ne voudrais, dit-il,
» paraître à l'Hôtel-de-Ville que le visage gai et
» le cœur content, et je ne pourrais témoigner d'une
» manière libre et digne les sentimens que
» j'éprouve toujours au milieu de la population de
» Paris, si je n'avais auparavant satisfait mon
» cœur en essayant de soulager moi-même la
» douleur de tant de malheureuses familles que
» l'événement d'hier plonge dans le deuil. » Des secours et des consolations sont aussitôt portés aux blessés et aux familles de ceux qui ont succombé, et ces infortunés, tout en déplorant la

perte qu'ils ont faite, publient les louanges des illustres époux.

Si le prince voyage, les souffrances du commerce et de l'industrie attirent toute sa sollicitude : à son arrivée à Rouen, il écoute avec bonté M. le maire de cette ville, qui lui expose sans détours les causes des souffrances commerciales ; il témoigne à ce magistrat tout le regret qu'il éprouve d'une pareille crise ; il lui fait espérer que le terme n'en est pas éloigné ; que Rouen sera toujours digne de toute la sollicitude du gouvernement. Il visite ensuite les principaux établissemens de cette ville ; il entre dans les divers ateliers, les examine en détail et avec la plus grande attention ; il prend les informations les plus minutieuses sur le mouvement industriel et sur les causes de la crise que nous traversons. Les fabricans restent tout étonnés des idées justes qu'il émet sur les différentes branches d'industrie.

Le discours du président de prud'hommes, qui ne contient que des félicitations, fait peu d'impression sur lui ; il lui fait observer qu'il a oublié la chose essentielle, la détresse de l'industrie rouennaise ; que sans doute il avait craint de l'attrister par un tel récit, mais que, quelque pénibles que soient les informations qu'on pourrait lui donner sur les malheurs du commerce, il désirait les connaître ; même sollicitude par tout le pays qu'il traverse, il prête peu d'attention aux doléances qu'on lui adresse : la misère des classes laborieuses et le remède qu'on peut y apporter l'occupent uniquement.

En voyant de si heureuses dispositions dans un jeune prince destiné à régner, il nous est donc bien permis d'espérer que plus tard tous ses efforts tendront à faire le bonheur des Français.

La conduite de la princesse Hélène depuis qu'elle a mis le |pied sur le sol de France, nous fait aussi concevoir de grandes espérances. Avant de quitter les tentes de la frontière, elle remet à M. le maire de Forbach 500 fr. pour les pauvres, 500 fr. pour les sœurs de la Providence; elle offre de sa main des bijoux aux deux jeunes personnes de Forbach et de Sarguemines qui l'ont haranguée; elle fait un pareil présent à l'officier du génie qui a élevé les tentes; elle fait distribuer 1,000 fr. aux sapeurs, 4,000 sont remis à M. le préfet, destinés à accorder des livrets de la Caisse d'Épargnes aux jeunes filles d'ouvriers qui se sont le plus distinguées dans leurs écoles.

Arrivée à Épernay, elle prononce les douces paroles que nous allons rapporter à des habitans de cette ville qui avaient été invités à déjeuner à sa table : « J'ai toujours éprouvé de la sympathie pour » la France; mais depuis la révolution de juillet, » elle est devenue de l'enthousiasme, et depuis il » m'a semblé que j'étais née pour devenir française. »

On est touché des transports d'émotion et de joie qu'elle fait éclater lorsqu'elle paraît devant le Roi et la Reine dans le palais de Fontainebleau ; elle semble dire que son père et sa mère lui sont rendus ; et lorsqu'après son mariage elle contemple la grande beauté de son trousseau, dans les doux reproches qu'elle fait, elle ajoute qu'elle n'avait pas besoin de tant de magnificence pour aimer la France, ce pays objet de ses rêves.

A la nouvelle du malheureux événement du Champ - de - Mars, elle joint ses efforts à ceux du prince pour déterminer le conseil municipal à suspendre le bal qui lui est destiné, jusqu'à ce qu'elle ait procuré du soulagement aux familles qui sont victimes de ce funeste événement. Plus tard, elle charge M. le sous-préfet de Saint - Denis de porter des secours et des consolations à la malheureuse veuve Bary, de Bobigny, près de Pantin, qui a perdu son mari au Champ-de-Mars, sachant qu'elle est enceinte avec deux enfans en bas âge, qu'elle est, en outre, chargée de sa belle-mère et d'un neveu orphelin du choléra. Non contente de lui faire remettre une somme de 5oo fr. et de lui promettre une pension aussitôt qu'elle aura vendu son établissement et payé ses dettes, elle recommande encore expressément qu'on la prévienne aussitôt que l'infortunée veuve Bary serait accouchée.

Dans son voyage en Normandie, même sollicitude que son époux à rechercher les causes qui produisent la détresse du commerce et de l'industrie, et les moyens qu'on pourrait employer pour y remédier; sa présence semble faire renaître l'espérance aux classes malheureuses, et les mêmes transports de joie éclatent parmi ces paisibles populations que lors de son entrée en France.

Nous le répétons encore une fois, que la flatterie n'a eu aucune part dans ce que nous venons de dire, que si notre faible voix se fait entendre, c'est que nous avons la ferme conviction qu'une alliance contractée sous d'aussi heureux auspices, ne peut être qu'utile à la France. Nous n'aurions pas parlé de l'enthousiasme du peuple, si les actions des époux n'y répondaient pas.

Nous avons pensé que la France, instruite par l'expérience, aimera donc mieux pour reine future une princesse sortie d'un petit état d'Allemagne qu'une fille d'empereur ; que nous sommes assez puissans par nous-mêmes, sans chercher par une alliance à rehausser notre gloire ; que la princesse que nous possédons aimera cette noble France objet de tous ses vœux, et que nous ne serons plus exposés à ces grandes déceptions qui ont produit de si funestes résultats. Fasse le ciel que nos espérances ne soient point trompées !

www.ingramcontent.com/pod-product-compliance
Lightning Source LLC
Chambersburg PA
CBHW061450050726
47593CB00004B/1532